Los secretos de

YUYA

⊕ Planeta

D0972089

Agradecimientos

No se imaginan la cantidad de gente que trabajó muchísimo para que el libro que tienen en sus manitas fuera tan, pero tan increíble. Gracias a mi familia, por siempre estar, echarme porras, hacerme sentir querida y apoyarme en todas las locuras que se me ocurren (¡como hacer un libro!). Gracias infinitas a Gaby, por ayudarme a consultar a expertos, por darme ideas y por tener las palabras más bonitas. A Edgardo, por ser el mejor fotógrafo, por su paciencia y su creatividad. A Andy, Elena y Andrea por ayudarme con las fotos de los tutoriales, ¡y por verse tan guapísimas! A Ramón por diseñar el mejor libro que jamás imaginé. Y a todo el equipo editorial que vio nacer y crecer mi primer libro. *¡Son lo máximo, máximo del mundo!*

Diseño de portada y de interiores: Ramón Navarro / Estudio Navarro
Coordinación editorial: Gabriela Ortiz
Fotografía: Edgardo Contreras
Maquillaje y peinado: Hugo Muñoz

© 2014, Mariand Castrejón "Yuya"

Derechos reservados

© 2014, Editorial Planeta Mexicana, S.A. de C.V.
Bajo el sello editorial PLANETA M.R.
Avenida Presidente Masarik núm. 111, 2o. piso
Colonia Chapultepec Morales
C.P. 11570, México, D.F.
www.editorialplaneta.com.mx

Primera edición: noviembre 2014
ISBN: 978-607-07-2407-7

Impreso en los talleres de Grupo Infagon, S.A. de C.V.
Alcaiceria No.8 Col. zona norte central de abastos, México, D.F.
Impreso y hecho en México – Printed and made in Mexico

Índice ♥

Introducción

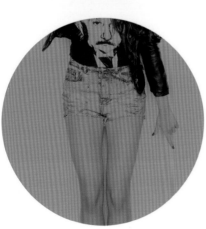

¡HOLA, GUAPURAS!

Estoy súper, súper feliz de presentarles ¡mi primer libro! Tengo tantas ideas y temas en mi cabeza que en verdad fue un poco difícil saber por dónde empezar pero, después de mucho pensarlo, decidí que mis guapuritas estarían felices con un chulísimo libro de belleza y cabello, que fue con lo que yo empecé a hacer mis videos hace ya cuatro años.

Pero, ¿por qué se me ocurrió hacer un libro? O sea, ¿para qué, si en mis videos pueden encontrar todo, no?

Como les he dicho varias veces, soy ceeeero experta en esto de los temas de belleza; todo lo que sé y lo que subo en mis videos es lo que he ido aprendiendo poco a poco, experimentando con el maquillaje, jugando con las sombras y con el cabello. Así que dije: «Yuyita, ¿qué le puedes dar a tus guapuras, pero que sea aún más increíble que los videos?». Y se me ocurrió que un libro sería la forma perfecta para que tuvieran una guía que les resolviera sus dudas sobre qué tipo de cutis tienen o cómo combinar su color de labios o hacerse peinados rápidos y chulísimos; quería algo que explicara todo esto así súper, súper sencillo y con muchas fotos, algo que a mí me hubiera ayudado muchísimo cuando me empezó a interesar todo este rollo de las brochas y el maquillaje.

Y, para que sea aún más completo platiqué con varios expertos: maquillistas, dermatólogos y estilistas, que han sido lindísimos conmigo, ayudándome a ponerle orden a mis ideas y, claro, también intercambiamos uno que otro tip. Ahhh, y no crean que me olvidé de los tutoriales, ¡obvio que no! También incluí sus favoritos, con la GRAN diferencia de que aquí podrán ver fotos claras de cada paso y cada proceso de cerca, sin que pierdan ningún detalle del maquillaje o peinado. Ya sé que luego se cansan de estarle picando a los videos, y si tienen en una mano un mechón de cabello y en el otro la plancha, ¡peor!

Y otra cosa en la que insistí muchísimo es que, aunque están acostumbradas a verme solo a mí en los videos, para este libro pensé que sería mucho mejor que unas lindas chicas me ayudaran y fueran mis modelos, porque muchas de ustedes tienen el color de ojos, piel o pelo diferente al mío, entonces esto puede ayudar a que vean cómo lucen ciertos maquillajes o peinados en otro tipo de niñas y ustedes se identifiquen más fácilmente.

No es por nada, pero *Los secretos de Yuya* se va a convertir en su libro favorito guapuras, ¡se los juro! Porque, aparte de que lo hice con todo el amor y cariño del mundo, en ningún otro lugar van a poder encontrar los tips y consejos que hay aquí (¡por eso son se-cre-tos!). Así que léanlo, disfrútenlo, y si lo ven sus amigas, díganles que vayan a comprar el suyo, porque si se los prestan, ¡seguro no lo vuelven a ver!

¡Los amoooo! Les dejo besos aplastantes, chiquitos, chiquitos y muchas letritas de amor.

BÁSICOS PARA UNA PIEL LINDA

odo empieza aquí, guapura; una piel bonita y sana es la mejor base para cualquier tipo de maquillaje y no creas que eso de las cremas, exfoliantes y limpiadores es solo para señoras o para cuando ya eres más grande, ¡para nada! Nunca eres demasiado joven para empezar a cuidar tu piel y lo mejor de todo es que si lo haces un hábito desde ahorita, después no te costará trabajo, y siempre tendrás una piel ¡chulísima!

Y ¿QUÉ TIPO DE PIEL TIENES?

Claro, vas al súper o a la farmacia y no puedes con toda la cantidad de cremas, lociones y pociones que existen para el cuidado de la piel, ¡aghhh! Sí, es para volver loca a cualquiera, pero no te preocupes, antes de que te pongas cualquier cosa en tu carita, haz esta prueba para saber si tu tipo de piel es normal, seca, grasa o mixta.

$\longrightarrow$

1. Lava tu cara con agua y jabón y espera una hora. Es muuuuuy importante que no te pongas ningún tipo de crema, aceite o loción después.

2. Mientras esperas a que pase el tiempo, recorta tres pedazos de papel de estraza o kraft (el mismo del que son las bolsas donde guardan el pan). En uno escribe: FRENTE, en otro: MEJILLAS y en otro: BARBILLA.

3. Pasada la hora, presiona suavemente cada uno de los papeles en la zona que corresponde a lo que escribiste.

4. ¿Listo? Ahora toma nota de tus resultados.

Tu piel es normal si... No hay grasita en ninguno de los papelitos y no se siente tirante o reseca.

Tu piel es seca si... No hay grasa en ninguno de los papelitos, pero tu piel se siente tirante, reseca o se ven como escamitas, especialmente en el área de las mejillas y alrededor de la nariz.

Tu piel es grasa si... En todos los papelitos hay grasa.

Tu piel es mixta si... Solo hay grasa en los papelitos de nariz, frente y barbilla, y tus mejillas se sientes resecas.

RUTINA DE BELLEZA ¡EN 1, 2 POR 3!

Ya que sabes cuál es tu tipo de piel, ahora solo debes escoger los productos correctos para que tu rutina de limpieza sea fácil y sencilla. Lo ideal es que tengas dos productos básicos: un limpiador, que te ayudara a eliminar la suciedad de la piel y los restos del maquillaje; un hidratante —sí, aunque tengas la piel grasa y te brille la cara como foquito, también debes hidratarla—; y un extra, o como yo le llamo, «tu arma secreta», ese producto que te ayudará a cuidar tu carita y a que tu piel luzca increíble, ¡siempre!

❤ PIEL NORMAL

¡Qué envidia! Porque tu tipo de piel no te da muchos problemas, pero aun así debes cuidarla para mantenerla hidratada y equilibrada.

Limpiador: Utiliza un limpiador suave para limpiar tu cara por las mañanas y las noches, busca una fórmula ligera y cremosa; evita los jabones, porque pueden resecar tu piel.

Hidratante: Busca un hidratante ligero y aplícalo justo después de lavarte la cara, para sellar la humedad.

Arma secreta: Si de repente sientes que tu piel no se ve luminosa, utiliza una vez cada quince días un exfoliante suave, para eliminar las células muertas.

🖤 PIEL SECA

Debes de tratar de mantener tu piel hidratada a como dé lugar.

Limpiador: Evita lavarte o tallar la piel de más; de preferencia solo lava tu cara por las noches, después de desmaquillarte y antes de dormir, con un limpiador cremoso. Por las mañanas, solo lava tu cara con un poco de agua sin tallar.

Hidratante: Utiliza una crema hidratante cremosa por las mañanas y las noches; entre más cremosa, mejor; solo cuida de distribuir la crema muy bien con la yema de los dedos.

Arma secreta: Una vez al mes, aplica una mascarilla hidratante.

🖤 PIEL GRASA

Tu meta debe ser limpiar tu cara, pero sin quitarle la grasita natural que la protege. También hay que eliminar los brillos y los molestos barritos.

Limpiador: Utiliza uno en espuma y que sea para pieles grasas; si sufres por el acné, busca uno que contenga ácido salicílico, que ayuda a destapar los poros.

Hidratante: Una crema muuuy ligera; busca en la etiqueta que diga «oil free» o «libre de aceites».

Arma secreta: Si te salen granitos, utiliza toallitas medicadas o productos que colocas sobre el barrito y ayu-

dan a desinflamarlos y desaparecerlos; estos funcionan mejor si los aplicas por la noche.

♥ PIEL MIXTA

Este tipo de piel es como bipolar, porque hay grasa en la zona T (frente, nariz y barbilla), pero como tus mejillas se resecan, debes cuidar que estén muy bien hidratadas.

Limpiador: Un limpiador en espuma que remueva las impurezas de la zona T, pero que no reseque de más la delicada piel de tus mejillas.

Hidratante: Si tu zona T es un muy grasa, utiliza un tónico facial en esta área, seguido de una crema humectante ligera en todo el rostro.

Arma secreta: Actualmente existen cremas que ayudan a eliminar el brillo de la zona T, busca que digan «matificantes».

PERFECTAMENTE BIEN LIMPIA

Aquí te van algunos consejos para tu rutina diaria de limpieza de día y de noche.

♥ AM

1 Humedece tu rostro con un poco de agua tibia, aplica el limpiador según tu tipo de piel con movimientos circulares y utilizando las yemas de los dedos. Por favor, guapuritas, cuiden mucho su carita y no la tallen como si fueran sus calcetas de Educación Física, porque si tienen barritos, se irritarán aún más. Para aprovechar tiempo en las mañanas, yo hago este paso en la regadera, mientras me baño.

2 Seca tu piel dando ligeros toquecitos, tampoco talles con la toalla, ¡por favor!

3 Aplica tu crema hidratante de igual forma, con movimientos circulares, hacia arriba y hacia afuera.

4 Antes de maquillarte, utiliza tu «arma secreta» o ponte tu bloqueador solar (si tu base ya tiene FPS, puedes saltarte este paso).

♥ PM

1 No importa la hora, antes de dormir siempre debes lavar tu cara. Lo primero es desmaquillarte, si es que usas maquillaje o saliste de fiesta. Humedece un algodoncito con desmaquillante especial para ojos, colócalo sobre los párpados unos segundos y muy suavemente talla un poco para que se disuelva el rímel y delineador. Si utilizas un rímel a prueba de agua ¡no talles más fuerte! Lo mejor es usar otro algodoncito con desmaquillante, para eliminar lo que queda de maquillaje, o utilizar un desmaquillante específico para quitar este tipo de rímel.

2 Antes de lavar tu cara, utiliza unas toallitas desmaquillantes para eliminar el resto de maquillaje de tu cara y labios, así no dejarás las toallas todas manchadas de maquillaje. También cuida que el agua con que te laves la cara no esté muy caliente, porque eso reseca muchísimo la piel (ojo, guapuras, con piel seca o mixta); de preferencia que esté tibia.

3 Lava tu cara con tu limpiador, seguido de tu loción facial (si la necesitas) y tu crema hidratante.

4 Yo te recomiendo que por la noche le pongas un poco de Vaselina a tus labios, para darles una mini mascarilla de hidratación, y que en la mañana amanezcan muuuuuy suaves.

5 Si sufres de barritos, la noche es el mejor momento para aplicar cremitas especiales para eliminarlos; aplícalas sobre el barro con el dedo y deja secar un poco antes de dormirte.

Súper tip:

Recuerda que tu tipo de piel puede cambiar dependiendo del clima, las estaciones del año... ¡hasta tu edad influye! Así que tal vez necesites cambiar a un humectante más cremoso en invierno y usar un limpiador en gel o espuma en verano; solo es cuestión de que cheques tu piel y hagas los cambios que se necesitan para que siempre esté limpia y bonita.

¡MASCARILLAS PARA TODOS!

S í, mascarillas para todo tipo de piel, que además están fa-
cilísimas de hacer, porque seguro casi todos los ingredientes los tienes en tu cocina.

Antes de aplicar cualquiera de ellas, debes de desmaquillar y limpiar muy bien tu cara, ahhh, y checar que no seas alérgica a ningún
ingrediente. Para eso prueba un poco en el dorso de la mano y
espera 24 horas, si no se te pone rojo o te da comezón, entonces
adelante, ¡manos a la obra!

❤ **PIEL NORMAL**
1 botecito de yogur natural
2 cucharadas de miel
4 fresas machacadas

❤ **PIEL SECA**
3 cucharaditas de café soluble
3 de cucharaditas de cocoa
8 cucharadas de leche entera

🖤 PIEL GRASA

½ jitomate sin semillas
y machacado
1 botecito de yogur natural
2 cucharadas de jugo de limón

🖤 PIEL MIXTA

1 botecito de yogur natural
1 cucharada de miel
1 cucharada de jugo de limón

Mezcla todos los ingredientes de la mascarilla que escogiste, hasta que tengan una consistencia homogénea, o sea, que quede como una pastita que puedas aplicar fácilmente. Extiéndela sobre tu cara con los dedos o con una brocha, como tú quieras o te acomode mejor. Deja que actúen de quince a 20 minutos, enjuaga con agua tibia, seca tu cara suavemente y aplica el hidratante que acostumbras.

Súper tip:

Yo te recomiendo aplicar estas mascarillas una vez al mes. Puedes hacer un mini spa en tu recámara para relajarte y consentirte después de una semana de exámenes. Así que diles a todos en tu casa que te den media hora de soledad, haz un playlist coqueto y sensual, apaga tu cel y ¡relaaaaaaaax!

1. Muy sana

Seguro has oído aquello de que "somos lo que comemos" y aquí aplica totalmente. Si te la vives comiendo papas, dulces y refrescos, no te sorprendas de que aparezcan en tu cara los terribles granitos. Yo sé que de repente unos dulces o chocolates son irresistibles y como que te hacen caras de ¡cómeme ahoraaaaa! Pero trata de no hacerlo diario y mejor éntrale a las frutas, verduras y, claro, toma muchísima agua.

2. ¡Fuera manos!

Si te sale un barrito, lo peor que puedes hacer es rascarlo o exprimirlo, porque irritarás la piel y se pondrá rojo. Así que ni se te ocurra hacer esto antes de una cita con el niño de tus sueños o de una súper fiesta, porque será más difícil esconderlo, además de que te quedarán unas cicatrices que no se ven nada padres.

3. Después de la fiesta

Es así como pecado mortal irse a la cama con la cara maquillada; sí, aunque hayas llegado súper tarde, lo siento, pero debes limpiar tu cara antes de dormir, para que tus poros no se tapen y no dejes el rímel y el rubor en la almohada (tu mamá te lo va a agradecer).

4. Limpia tu teléfono

¿Sabías que tu teléfono puede tener más gérmenes que la taza de un baño público? ¡Qué asco! Si siempre te salen barritos en la mejilla o barbilla, ¡ya sabes por qué es! Lo mejor que puedes hacer es limpiar la pantalla con toallitas desinfectantes.

5. Zzzzz

Sí, aunque seas fan de salir de fiesta desde el miércoles, las desveladas no le hacen ningún favor a tu piel —¡y de paso a tus ojeras!—. Así que, dentro de lo posible, trata de dormir mínimo ocho horas y verás que tu piel amanece chula y fresca.

MAQUILLAJE: TODO LO QUE NECESITAS SABER ♥♥

Ok, ya sabes qué tipo de piel tienes y cómo cuidarla perfectamente bien, pero antes de que empecemos con lo divertido (léase labiales, sombras y maquillaje), debes saber que hay una gran variedad de herramientas que hacen tooooooda la diferencia a la hora de aplicar el maquillaje, porque te ayudan a darle un mejor acabado; ya sabes, como que se ve más chulo, coqueto y sensual. Así que checa los básicos que no deben faltar en tu kit de belleza.

LAS BROCHAS

Claro, hay muchísimos tipos de brochas y la verdad es que no hay una marca que sea mejor que otra, básicamente las tienes que probar y quedarte con la que mejor te acomode; yo tengo de varias marcas, unas caras y otras súper baratas, pero son con las que me acomodo, así que pruébalas hasta que encuentres tus consentidas. Aquí te doy una guía rápida de las brochas y para lo que sirve cada una.

Base: Es una brocha de cerdas o pelitos sintéticos, es plana y un poco rígida. Te sirve perfecto para aplicar la base o el rubor en crema.

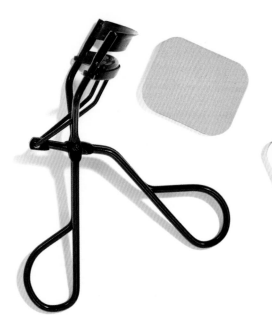

Corrector: Es pequeña y angosta, de cerdas sintéticas. Tiene la punta ligeramente afilada para tener más precisión.

Polvo: Es grande, suave y de pelo natural. Se utiliza para aplicar el polvo suelto o base en polvo.

Contorno: Una brocha suave con la punta plana y en ángulo. Se utiliza para aplicar rubores más oscuros o bronzer y enmarcar la cara.

Rubor: Es suave, redonda, pero no tan gorda como la de polvo. De preferencia que sea de pelo natural.

Sombra: Es una brocha ligeramente suave y plana.

Difuminadora: Es una brocha redonda y suave. Se usa para difuminar las sombras.

Delineador: Es pequeña y afilada para aplicar delineador en crema. Úsala ligeramente húmeda, para delinear con una sombra. También la puedes usar para las cejas.

Cejas y pestañas: De un lado tiene un como peinecito que se usa para peinar las pestañas y eliminar los grumos después del rímel. Del otro lado es como un cepillito que se usa para peinar las cejas.

¡MÁS HERRAMIENTAS!

Tu cosmetiquera no estará completa sin estos extras:

Esponjas: De todos colores y formas. Son perfectas para difuminar la base después de aplicarla con una brocha.

Enchinador de pestañas o cuchara: Como dije antes, usa el que te sea más fácil y con el que te acomodes. Un tip para el enchinador que me dieron mis amigos los maquillistas es utilizar en tres partes: primero en la base de las pestañas, presionando durante 20 segundos, después en la mitad 20 segundos y por último en la punta durante otros 20 segundos para que queden bárbaras. Si te acomodas con la cuchara, ¡perfecto! Recuerda que las mejores son las que tienen la orilla ligeramente angulosa, solo ten cuidado de no aplicar mucha presión con tu dedo, porque corres el riesgo de que te queden dobladas o de plano arrancártelas.

Cotonetes: Son muy útiles para corregir el maquillaje si te equivocas y no empezar desde el principio, o para aplicar sombra, corrector y hasta labial. ¡Nunca faltan en mi cosmetiquera!

Súper tip:

No olvides que una de las mejores herramientas para aplicar la base son tus dedos y nada difumina mejor la sombra o cuando se te pasó la manita con el rubor. También me dijeron que, por ejemplo, para aplicar el corrector debajo de los ojos o para cubrir un barrito lo mejor es utilizar el dedo anular, porque es el que menos presión hace sobre la piel.

CUIDA TUS BROCHAS

Mantener tus brochas limpias es ¡básico! Para evitar que tu piel se llene de impurezas y para que te duren mucho, mucho tiempo (sobre todo si decidiste invertirle y compraste brochas de buena calidad), debes de limpiarlas mínimo una vez al mes si te maquillas diario. Si no, pueden aguantar dos o tres meses, ¡pero no más!

1 Limpia los pelitos de tus brochas en un poco de agua con jabón (puede ser jabón de manos o un shampoo suave). Ten mucho cuidado de no sumergir o mojar la parte de metal de tus brochas, porque se puede oxidar.

2 Si es necesario —o de plano están muy sucias— puedes tallarlas suavemente en el interior de tu mano haciendo circulitos. No presiones mucho porque las puedes deformar. Las brochas para labial se ensucian un poco más, esas yo las limpio primero con un poco de desmaquillante y después ya las lavo.

3 Sacúdelas y presiónalas suavemente con una toalla para eliminar el exceso de agua y «péinalas» con la mano para acomodar los pelitos de tu brocha. Déjalas secar sobre una superficie plana, como una toalla seca. ¡Listo! OJO: No las dejes

secando boca abajo dentro de un vaso como mucha gente recomienda, porque el agua se puede ir a la base de la brocha y hacer que las cerdas se caigan.

EL ABC DEL MAQUILLAJE

¡Ahora sí llegó lo que estaban esperando, guapuritas! Esta es mi parte favorita del libro, es así como una guía donde podrás encontrar todo lo que necesitas sobre el maquillaje, tips para aplicarlo, qué colores te quedan y mucha, mucha más información para que domines este arte, ¿lista?

LA BASE DE TODO

Así es. La base es… ¡básica! Piensa que es como la capa de pintura blanca que pone un pintor sobre un lienzo (qué poética ando) antes de llenarlo de colores; pues igual, la base es lo que ayuda a que si la piel de tu cara no es así, perfecta, ¡lo parezca! Ayuda a igualar el color y que tu piel se vea bonita y fresca, cubriendo esos pequeños defectitos.

Peeeeeeero (sí, siempre hay un «pero», guapuritas) hay que tener mucho cuidado con escoger el tipo de base (para que no parezca que traes un pastelazo en la cara de lo gruesa que está) y con el color (aquí vas a parecer geisha con la cara de un color y el cuello de otro). Estos son mis consejos para escoger la base perfecta para ti.

♥ LA TEXTURA

¿Líquida, crema, barra o en polvo? ¡Cuántas opciones! Y básicamente depende de tu tipo de piel... ¡¿Qué?! ¿Aún no has hecho la pruebita del capítulo anterior? Pues corre a hacerla, guapura, para que sepas qué tipo de base te conviene usar.

PIEL NORMAL: Ahhh, eres tan afortunada, guapurita. A ti los barros y las manchitas te hacen los mandados y probablemente ¡ni necesites usar base! Si aun así la quieres utilizar, que sea una ligera, de esas que son como cremita con un poco de color y, si además tiene Factor de Protección Solar (SPF) del quince para arriba, ¡ya la hiciste!

PIEL SECA: Los barritos y poros abiertos tampoco son un gran problema para ti, así que te recomiendo usar un hidratante con color, que te ayudará no solo a cubrir las imperfecciones o manchitas que te salen muuuuuuy de vez en cuando, también mantendrá tu piel hidratada. Recuerda buscar uno que contenga SPF y no dudes en cambiar tu base por una más cremosa en invierno, que es cuando tu piel se reseca más fácilmente. Si necesitas algo que te dé mayor «cobertura» (sí, ya sé que parece que estoy hablando de un pastel, pero no, así dicen los expertos), entonces prueba una base líquida o en barra, que son más cremosas.

PIEL GRASA: Antes, las guapuras con piel grasa sufrían ¡horrible!, porque las bases de maquillaje eran tan pesadas que les tapaban los poros, y si tenían barritos, ufff, ¡salía peor! Afortunadamente ya hay muchas opciones para ti, porque puedes encontrar bases que unifican el color de tu piel, cubren las manchitas o pequeños barritos y ¡hasta tienen ingredientes que ayudan a que se te quiten! Está increíble, ¿no? Así que busca las que digan «libre de aceites» o prueba las tan de moda cremas CC (CC es «Color Correction» o «Correción de Color», en español), que son ligeras, cubren bien y no tapan los poros. Si de plano tienes la piel muy grasa, la base en polvo te dará la cobertura que necesitas y además evitará que brilles como foco. ¡Comprobado!

PIEL MIXTA: A ti te recomiendo que utilices una base ligera, para que no te tape los poros de la zona T. Como te platiqué arriba, las cremas CC son una gran opción; también las bases que son como cremosas, pero que una vez que las aplicas te dejan un efecto como de polvo son buenísimas, porque te ayudan a hidratar tus mejillas y controlar la grasa en donde hace falta.

♥ ESCOGE EL COLOR

Hay varios consejos que te pueden ayudar a escoger el color de base que vaya mejor con tu tono de piel:

1 Recuerda que la idea es que debe verse así, súper natural, como si te hubieras levantado súper fresca, así que escoge un tono que sea lo más parecido a tu color de piel natural.

2 No te pruebes la base en el dorso de la mano como toooooodo mundo lo hace, guapura. Los expertos me dijeron que si la pruebas en la línea de la quijada, es más fácil ver si el color se funde con el de la piel y el cuello, para evitar el look tipo mascarita que nadie quiere.

3 También es importantísimo que te la pruebes en un lugar donde haya buena luz, de preferencia natural, pero si estás en el centro comercial, ni modo que le digas a la señorita: «permítame, ahorita vengo, nada más voy al estacionamiento a ver cómo se me ve y regreso»; por lo general, en estos lugares tienen muy buena iluminación.

4 Si no encuentras el tono que sea así como tu alma gemela, escoge un tono más claro que el de tu piel. Ojo, muchos maquillistas me contaron que cuando de plano no hay una base que sea exactamente de tu tono, puedes mezclar dos, ahora sí en el dorso de tu mano, para tener el color perfecto.

5 Si por más que has probado los maquillajes de tienda de autoservicio no le atinas a tu tono de piel, yo te recomiendo que acudas a una tienda departamental, donde sí te puedes probar las bases y las señoritas son súper amables para ayudarte a escoger tu tono. Sí, te va a salir un poco más cara, pero vale la pena.

♥ ¿Y CÓMO SE PONE?

Aquí vienen más preguntas: que si se pone con esponja, que si con pincel o brocha, que si con los dedos... La verdad es que debes de probar todas las opciones hasta que te sientas cómoda con alguna. Por ejemplo, un maquillista con el que platiqué me dijo que él prefiere usar los dedos, porque el calor de la piel le ayuda a calentar el pigmento (o sea, el color) de la base y así es más fácil aplicarla y difuminarla.

Yo recomiendo usar esponja, porque absorbe el producto y ya no es tan potente, como que le baja la intensidad al color y lograrás un look más natural; así que puedes usar esta técnica para el diario. Si lo quieres más ligero aún (para que tu mamá no se dé cuenta de que usas maquillaje o no te regañen en la escuela), humedece la esponja antes de aplicar la base, para que se diluya.

Hay maquillistas que prefieren aplicar la base con una brocha porque ayuda a llegar a esos lugares difíciles, como alrededor de la nariz o debajo de los ojos, y que el color quede parejito. Yo a veces uso una brocha, pero de repente siento que me quedan como rayas, entonces uso una esponja para difuminar y que quede perfecto.

Súper tip:

Sea cual sea la técnica que escojas para aplicar la base, coloca puntos de color sobre frente, nariz, mentón y mejillas y difumina con movimientos suaves hacia afuera. Ten cuidado de difuminar muy bien en el nacimiento del cabello y hasta el cuello.

33

CORRECTORES O PHOTOSHOP EN TU COSMETIQUERA

Esto de los correctores es un arma de dos filos, guapuras; por un lado, los correctores son como una gomita que borra y cubre cualquier imperfección, como venitas, enrojecimientos, ojeras y barritos; es como tener el pincel de Photoshop que borra todo y te deja una piel bárbara en las fotos. Peeeeeeero también hay que tener cuidado de cómo usarlos, porque a veces, por tratar de cubrir un barro o las ojeras, se nos pasa la mano, le ponemos tres kilos de corrector y ¡se nota aún más!

Primero tienes que saber para qué sirven los diferentes tipos de corrector y elegir el tuyo, dependiendo de lo que quieras esconder.

Tonos color piel: Se usan para darle más luz a tu cara o cubrir ojeras y barritos.

Amarillo: También se usa para la ojeras o para zonas oscuras de la cara.

Verde: No te espantes con el color de este corrector, lo que pasa es que el tono verdoso ayuda a cubrir las zonas rojas o barritos que estén inflamados, y de verdad funciona muy bien.

Morado: No es para hacerte moretones en Halloween; este tipo de corrector te ayudará a cubrir esas manchitas cafés oscuras o cicatrices.

Café: Este tipo de corrector se utiliza para perfilar el rostro. Por ejemplo, si quieres una nariz más delgada se aplica a los lados y se difumina, o en la mandíbula, para que la cara no se te vea más redonda.

❤ ¿CUÁL DE TODOS?

Como las bases, los correctores tienen muchas presentaciones. Mi consejo sigue siendo el mismo para elegir cuál usar: ¡pruébalos! Y quédate con el que mejor te funcione.

Crema: Viene en unos botecitos como de vidrio y se aplica con los dedos. Se siente como una pastita y se seca de volada, así que trata de aplicarlo en la piel después de tu crema hidratante, para que sea más fácil de difuminar. Sirve muy bien para las ojeras.

Pincel: Es muy práctico, porque es como un tubito que apachurras y sale el producto sobre la punta de pincel; sirve para darle luz a la mirada, no tanto para cubrir las ojeras. También se puede utilizar en las zonas oscuras del rostro.

Lápiz: Estos te ayudan a aplicar el corrector sobre barritos o imperfecciones chiquitas o que solo requieren una cantidad mínima de corrector. Algunos hasta te ayudan a que el barrito desaparezca.

Barra: Son súper fáciles de aplicar, porque es como un labial, te funciona para manchas más grandes u ojeras.

Roll-on: Estos son buenísimos para disimular las ojeras, porque hasta tienen ingredientes que desinflaman la piel de esta zona (si tus ojeras son por desveladas). Solo debes tener cuidado de difuminar muy bien el producto.

Iluminadores: No son correctores porque no tapan, más bien dan brillo pero los puse en esta categoría, porque ayudan mucho a la hora de corregir las ojeras.

❤ ESCONDE LOS BARROS

El problema con los barritos es que tienden a inflamarse y por eso se ven rojos como focos, y queremos esconderlos a como dé lugar. Para eso necesitas el corrector verde, que ayudará a esconder la inflamación.

1 Con el pincel para corrector toma un poco de producto, colócalo directamente sobre el barrito, cuidando eliminar el exceso. Recuerda que es mejor ponerle más después, a que se te pase la mano desde el principio.

2 Con tu dedo anular (que esté limpio, obvio) aplica un poco de corrector en barra sobre el barro, dando pequeños golpecitos para difuminar los dos tonos y la piel se vea uniforme.

3 Por último ponte un poco de polvo suelto encima, para que fije. ¡Listo!

❤ ¡ADIÓS, OJERAS!

Esta es mi pesadilla personal, y si una cosa he aprendido, es que hay que tener mucho cuidado, porque a veces usamos un corrector demasiado claro y parece que traemos un antifaz. Yo utilizo un corrector iluminador ligeramente cremoso (esta zona de la piel es seca por lo general) y otro corrector tono durazno o rosado, para contrarrestar los tonos azulosos de las ojeras.

1 Aplica el iluminador poniendo puntitos en el área de la ojera.

2 Con la punta de una esponjita pon un poco del corrector rosado encima del iluminador y da ligeros toquecitos para mezclarlos, hasta queden perfectamente bien difuminados.

3 Ponte un poco de polvo translúcido.

♥ ¿CICATRICES YO?

Hay guapuras que sufren muchísimo porque tienen como manchas más oscuras en la piel o de plano cicatrices que les da pena que se vean. Aquí les digo cómo cubrirlas como toda una profesional, utilizando un corrector más pesado; de hecho, hay farmacias dermatológicas donde venden correctores especiales para cubrir este tipo de detallitos. Son muy buenos, porque duran más y algunos hasta son a prueba de agua.

1 Aplica el corrector con ayuda de un pincel o brochita, cubriendo toda el área que quieras esconder.

2 Si es una mancha oscura la que quieres cubrir, encima aplica un poco de iluminador para aclarar un poco, y con tu dedo o una esponja difumina muy bien.

3 Aplica polvo translúcido con una brocha.

Súper tip:

¿No sabes si aplicar el corrector antes o después de la base? Los expertos me dijeron que si tienes barritos u ojeras, corrijas esto primero y después ya no tienes que usar tanta base. Si tus imperfecciones son mínimas, puedes corregirlas después de aplicar la base de maquillaje.

POLVOS MÁGICOS

Yo soy muy fan de tener siempre de los dos tipos de polvo que existen: el polvo suelto o translúcido, que le llaman, y el polvo o base compacta, que viene en un estuchito con espejo y que seguro conoces bien. Pero, ojo, no son lo mismo, y si sabes cuál usar, puedes lograr un look mucho más natural y profesional.

POLVO SUELTO O TRANSLÚCIDO: Este tipo de polvo te ayuda básicamente a sellar el maquillaje, o sea, se usa encima de la base. Es tan ligero que no te recomiendo que lo uses solo, porque no cubre, ni da color, aunque sí te ayuda a eliminar los brillos. Para aplicarlo, utiliza una brocha gorda, toma un poco de polvos, sacúdela ligeramente para eliminar el exceso y cubre tu cara con movimientos largos hacia afuera.

POLVO COMPACTO: Estos sí que cubren, porque tienen más color o pigmento, y logras una mejor cobertura, aunque no tanta como si usaras una base de maquillaje. Te ayudan a que el tono de tu piel sea parejito y, además, es muy práctico para retocarte el maquillaje a medio día. Por lo general, traen una esponjita con la que te lo puedes aplicar, pero yo prefiero hacerlo con una brocha gorda. Recuerda que debes usar movimientos de la nariz hacia afuera y no olvides un poco en el cuello.

Súper tip:

Si puedes, trata de que tu base y polvo compacto sean de la misma marca, porque muchas manejan productos que se complementan para lograr un mejor efecto. Además, así te ahorrarás la confusión a la hora de escoger el tono correcto.

RUBORES Y MÁS

Cuando no me maquillo, mi mamá me dice: «Yuyita, ¿por qué no te pones rubor para que se te vea un poquito de color en la cara?». Y es que no hay un producto de maquillaje que te haga ver con más luz, fresca, como si despertaras después de dormir como un angelito, que un toque de rubor.

♥ FÓRMULAS Y MÁS FÓRMULAS...

Los rubores, por lo general, vienen en tres presentaciones: crema, gel y polvo. Checa sus diferencias y escoge la fórmula que más te acomode.

CREMA: Es muy suave y le da un brillo a tu piel ¡bárbaro! Este tipo de presentación es perfecto para las guapuras con piel seca, así que las que tienen piel grasa, ¡ni lo vean!

Aplícalo: Coloca tres puntos de color sobre el pómulo, como si fuera un triángulo boca abajo, y difumina con los dedos con movimientos hacia arriba y hacia afuera, para que se vea natural.

POLVO: Los rubores en polvo dan un acabado mate y son más fáciles de controlar que el rubor en gel o crema, y se aplican con una brocha. Este es buenísimo si tienes piel grasa.

Aplícalo: Toma un poco de rubor con una brocha y sacude el exceso, recuerda que es mejor empezar con poco color y después aplicar más. Pon el color dando pinceladas (qué palabra tan elegante) hacia arriba y hacia afuera sobre el pómulo.

GEL: Si buscas un rubor que se vea muy natural, entonces esta fórmula es para ti. Tú misma escoges la intensidad del tono, porque se aplica fácilmente con los dedos, y es perfecta si tienes piel mixta o para las mini guapuras que apenas están empezando a experimentar con el maquillaje; pero solo úsenlo los fines de semana, para que no las vayan a regañar.

Aplícalo: Con los dedos, uno o dos puntitos de color y rápidamente difumínalo hacia arriba y hacia afuera, porque esta fórmula seca de volada.

❤ **DEEEEEEE COLOREEEEESSS**

Yo sé que prefieres que te diga: «Guapura, tú debes utilizar el rubor tono melocotón coqueto», pero la verdad es que no hay un tono así exacto o una regla estricta para escoger el color de rubor. Depende mucho de tu tono de piel; si es de día, querrás un tono más suave, y si tienes un evento en la noche, un tono más potente está perfecto.

El mejor tip para encontrar un tono ideal de rubor es que te fijes en el color que toman tus mejillas después de hacer un poco de ejercicio, ¡ese es tu color perfecto! Y bueno, aquí algunos otros tips según tu tono de piel:

Blanca: A ti te quedan los rubores con tonos rosados o pastel.
Mediana: Los rubores con tono coral o naranjoso son los que mejor te quedan.
Morena oscura: Los tonos cobrizos le quedan super bien a tu tono de piel.

❤ ¿QUÉ ONDA CON LOS ILUMINADORES Y EL BRONZER?

Sí, sé que te puedes confundir un poco entre tantas opciones, pero para que no te hagas bolas, digamos que el rubor te da color, el iluminador te da luz y el bronzer, o bronceador, es un polvo un poco más oscuro que te ayuda a dar un efecto bronceado que puedes utilizar para la técnica de los maquillistas súper pro que se llama «contornear» y con la que básicamente puedes esculpir tus pómulos, ¿qué tal?

❤ ¡A ESCULPIR!

Ya no es secreto, lo único que necesitas para hacerlo es saber cuál es tu tipo de cara y un rubor claro o polvo iluminador, y otro más oscuro o bronzer, para diseñar unos pómulos ¡perfectos!

PRIMERO LO PRIMERO

Y eso es saber qué tipo de cara tienes. Recoge tu cabello y párate frente a un espejo. Con un labial que ya no uses traza el contorno de tu cara sobre el espejo, aléjate y fíjate en la forma que dibujaste y checa si es:

Ovalada: Tu cara es simétrica y durante el día sólo necesitas un toque de color sobre el pómulo. Si quieres un look más sofisticado para la noche, aplica el rubor sobre los pómulos y luego un toque ligero en la punta de la nariz y sobre el puente.

Corazón: Tienes la barbilla puntiaguda, así que aplica el rubor claro sobre la parte baja del pómulo. Con el rubor más oscuro delinea la mandíbula (sin llegar a la barbilla). Difumina muy bien.

Redonda: Sufres de «cachetitis» y, para disimularlo, aplica el rubor claro sobre el pómulo, pero sin acercarte a la nariz. El rubor oscuro va debajo del hueso del pómulo, hacia la barbilla, bien difuminado.

Alargada: Para dar la ilusión de que tu cara es más corta, utiliza el rubor claro sobre el pómulo y llevando el color hacia las orejas, para que se vea más ancha. El rubor oscuro se aplica a lo largo de la frente, difuminando muy bien.

Cuadrada: Tu cara puede verse muy angulosa; para corregir esto, el rubor más claro debe ir sobre el pómulo y luego lleva el color hacia arriba y hacia afuera. El tono oscuro se utiliza de la barbilla hacia arriba, a lo largo de la parte baja del pómulo. Difumina bien, y listo.

Súper tip:

Checa la caducidad de tu rubor, si ya pasó mucho tiempo o huele raro, es hora de comprar uno nuevo.

EL SECRETO DEL RÍMEL

Este es otro básico de tu cosmetiquera. A veces, cuando no tienes tiempo de maquillarte así, súper bien (ya sabes, cuando te quedas dormida porque tu alarma no sonó y ya vas media hora tarde), con que te pongas un poco de rubor, gloss y rímel, ya eres otra; te lo juro.

El rubor y el gloss te dan un toquecito de color, pero el rímel... El rímel es lo máximo para abrir tu mirada y que tus ojos se vean más grandes, chulos y coquetos.

♥ **LARGAS, ESPESAS O TUPIDAS, ¿CÓMO QUIERES TUS PESTAÑAS?**

La formula de tu rímel depende de lo que tú quieras lograr con tus pestañas. Si son cortitas, cortitas, busca uno que las alargue para que se vean kilométricas. Si tienes poquitas, un rímel que dé volumen y las haga lucir espesas es perfecto para ti, y si sufres de la pestaña caída o «de aguacero», como dicen las abuelitas, un rímel que enchine es ideal.

Esto de la belleza es como besar muchos sapos antes de encontrar a tu príncipe azul, o sea, que tienes que probar muchos productos hasta que encuentres los que mejor te funcionan.

❤ A PRUEBA DE LÁGRIMAS...

El rímel a prueba de agua o «waterproof» no es solo para novias sensibles; esto quiere decir que dura mucho más. Úsalo si vas a la playa o piensas estar fuera mucho tiempo; obvio úsalo si es tu graduación, para que al llorar no termines con cara de mapache. Solo ten cuidado, porque este tipo de fórmula es más difícil de remover; utiliza un desmaquillante para ojos formulado especialmente para quitar este tipo de rímel.

❤ ¿Y EL COLOR?

Definitivamente el negro es LA opción. Yo siento que es un color que hace ver mis ojos más grandes y sobre todo para looks de noche es mi favorito. Peeeero si eres muy rubia y tus pestañas son muy claritas, mejor te recomiendo un rímel café, para que el look sea más natural.

EXTRA

Mirada ¡perfecta! en cinco pasos

1 Primero debes enchinar las pestañas. Cuida que estén limpias, cualquier resto de rímel hace que se peguen al enchinador o que se te caigan.

2 Con el ojo abierto, coloca el enchinador para que quede lo más cerca posible del nacimiento de tus pestañas superiores, pero sin que te pellizques la piel. Aprieta suavemente el enchinador durante cinco o diez segundos. Si las pestañas se te doblan, utiliza el enchinador a la mitad del largo de las pestañas.

3 Elimina el exceso de producto del cepillito. Ojo, no cometas el error de «bombearlo», porque con eso solo logras que el aire entre y se seque más rápido. Lo mejor es girar el cepillo dentro del tubito.

4 Con el cepillo de forma horizontal, colócalo debajo de tus pestañas superiores, cerca de la raíz. Ahora jala el cepillo hacia afuera con un ligero movimiento de zigzag hasta las puntas. Aplica dos capas dejando secar muy bien entre una y otra.

5 Con la punta del cepillo, maquilla las pestañas inferiores.

PESTAÑAS POSTIZAS

A mí me encanta usar pestañas postizas para mis looks de noche, porque me abren mucho la mirada. Así que debes ser paciente, guapura, a nadie le quedan perfectas a la primera, pero si practicas, verás que te quedan chulísimas.

♥ LA PESTAÑA PERFECTA PASO A PASO

Aunque hay muchísimas opciones de pestañas postizas, cortas, laaaargas, largas que casi casi te llegan hasta la frente… yo te recomiendo que busques las que se vean más naturalitas; de hecho, hay unas que están como entrelazadas en la parte de abajo, que son mis favoritas, porque como que se funden perfecto con mis pestañas y quedan súper naturales.

PASO 1. Retira la pestaña del plastiquito y pruébatela sobre tus pestañas para medirla. No hay nada peor que las que se ponen la pestaña completa y se les acaba el ojo. Mídela, y si está muy larga, córtala a tu medida.

1

PASO 2. Ponle pegamento a la pestaña; hay blanco o gris, pero yo les recomiendo el transparente. Puedes detener la pestaña con los dedos o con una pinza, para que sea más fácil. Aplica el pegamento con cuidado sobre tooooooda la base de las pestañas, especialmente en las orillas.

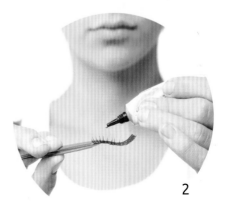

2

47

PASO 3. No te la pongas luego, luego, deja que el pegamento seque un poquito.

PASO 4. Ahora sí, aplica la pestaña con cuidado, tratando de pegarla lo más posible a la base de tus pestañas naturales y empezando por el lagrimal; presiona suavemente y trata de no estar moviendo el ojo, para que no se te despeguen.

3

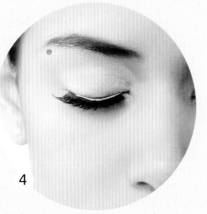

PASO 5. ¡Listo, guapura! Si no usaste pegamento transparente, puedes ponerte un poco de delineador encima para que se vean muy naturales.

4

Súper tip:

Como los zapatos, las pestañas postizas también tienen un izquierdo y un derecho, fíjate muy bien para que no te vayas a equivocar; recuerda que el lado que va cerca de la nariz (en el lagrimal) es la que tiene los pelitos más cortos y los pelitos más largos van en el exterior del ojo.

5

PINTA TU RAYA...
EL SECRETO DEL DELINEADOR

Yo no puedo vivir sin delineador, como que siento que no me maquillé si no me delineo los ojos. Es uno de mis favoritos, porque puedes cambiar radicalmente tu look con un solo trazo: sexy, coqueto, roquero, ¡tú escoges, guapura!

LÁPIZ

Úsalo si... Te gusta delinearte los ojos diariamente o para looks que no requieran un delineado preciso. Yo te recomiendo los tipo Khol, porque son como más suaves y son ideales para difuminar y hacer el Smoky eye; de hecho, hay algunas marcas que en la parte trasera del lápiz tienen una esponjita para difuminar la línea, ¡dos en uno!

Tip: Nunca calientes la punta de tu delineador con un encendedor, porque te
puedes quemar. Si está muy dura, suaví-
zala haciendo algunos trazos en el dorso
de tu mano.

LÍQUIDO

Úsalo si... Quieres una línea precisa y que te dure todo el día. Es perfecto para el delineado de «gatito» o cat eye. Hay muchos estilos, hay unos que tienen una brochita con punta delgadita, que son buenos para las primerizas, y los que tienen la punta como de plumón son más difíciles de dominar.

Tip: Si tu pulso no es el mejor, dibuja pequeños puntos justo en el nacimiento de las pestañas y únelos poco a poco para hacer una línea.

CREMA O GEL

Úsala si... Quieres un look natural y un poco más definido. Se aplica fácilmente con un pincel, lo que te da control para saber qué tan intenso quieres el tono o qué tan gruesa será tu línea.

Tip: Para que deslice más fácilmente, humedece un poco el pincel antes de aplicarlo.

Súper tip:

Para un look chulísimo de noche, delinea tus ojos por dentro y por fuera, sí, hasta el párpado superior; tu ojos se verán espectaculares. Aunque, ojo, si utilizas lentes de contacto, lo mejor es que delinees tus ojos únicamente por fuera.

❤ ¡QUÉ OJOS!

Aplica el delineador según la forma de tus ojos, para que luzcan coquetos y sensuales.

PEQUEÑOS

Debes delinear por dentro del párpado inferior del ojo con un lápiz blanco o beige para hacer que tus ojos luzcan más blancos y brillantes. No te delinees el párpado superior.

SEPARADOS

«Acércalos» visualmente aplicando delineador negro o de un color oscuro en la mitad de tu párpado superior e inferior y uniendo la línea en la parte del lagrimal. En el resto del ojo utiliza un delineador de un tono más claro.

JUNTOS

Haz lo contrario al caso anterior, delinea con un color oscuro de la mitad del párpado superior e inferior hacia la parte externa del ojo.

ALMENDRADOS

Delinea el párpado superior tratando de que la línea quede lo más cercano a la base del nacimiento de las pestañas.

REDONDOS

Haz que se vean más ovalados delineando dos tercios del párpado inferior y superior y que la línea se junte en la parte externa del ojo.

CEJAS PARA PRIMERIZAS

No hay mejor marco para tus ojos que unas cejas bonitas y bien cuidadas, guapura. Así que piérdele el miedo a las pinzas y empezar a depilar.

1. *¿Dónde va mi ceja?* Toma un lápiz y colócalo de forma vertical pegado a la nariz, marca este punto con un delineador de ojos y repite la misma operación en el otro ojo. Con el lápiz pegado a tu nariz de forma vertical, gíralo hasta que el borde quede sobre la parte externa del iris (la parte con color del ojo), ahí va el arco de tu ceja. Sin mover el lápiz de la nariz, gíralo de tal manera que quede en línea con la parte externa de tu ojo, ahí es donde debe terminar tu ceja. Marca este punto con el lápiz y repite con el otro ojo.

2. *Marca.* Utiliza un lápiz más claro para trazar la forma de tu ceja, basándote en los puntos que mediste, para que no depiles de más.

3. *¡Depila!* Siéntate frente a un espejo de aumento y de preferencia cerca de una ventana, para tener luz natural. Comienza a depilar uno por uno los vellos y trata de sacarlos desde la raíz y en el sentido en que crecen.

4. *Maquíllalas.* Utiliza un lápiz especial o sombra de un tono más claro que el color de tus cejas para rellenar cualquier espacio. Cepilla las cejas y ¡listo!

❤ SÍ Y NO DE LA DEPILADA

* Mientras depilas, aleja el espejo de vez en cuando y checa cómo van quedando las cejas, para que no se te vaya a pasar la mano. Recuerda que es mejor hacerlo poco a poco, guapura.

* Si te da miedo depilarte o a tu mamá le da un ataque, es mejor que vayas con un especialista a que te depilen por primera vez, para que les den forma y tú les puedes dar mantenimiento en tu casa.

* Revísalas cada dos días y depila los vellos que vayan saliendo.

* Si se inflama la piel, utiliza un hielo o una compresa de agua fría después de depilar las cejas.

* No depiles los vellos que salen por arriba del arco natural de tus cejas. ¡Mucho menos se te ocurra rasurarlas! Se ven bastante feítas.

* Trata de no depilar tus cejas con cera; eso mejor déjaselo a un profesional.

* Evita rellenar tus cejas con lápiz negro, no se ve natural y endurece la mirada, o sea, parecerá que andas enojada todo el día.

Súper tip:

Si tus cejas son muy largas, igual necesitas solo una recortadita. Con un cepillito (puede servir el de un rímel que ya no uses). Peina las cejas hacia arriba, y con unas tijeras pequeñas y curvas recorta los cejas que se salen del arco natural.

¡A TODO COLOR!

Imagina que te regalan un estuche lleno de sombras de maquillaje de colores y en lugar de darte emoción, ¡sufres! Sí, porque no sabes cómo usarlas o qué colores te quedan mejor, así que las únicas que utilizas son la negra y la café, ¿a poco no?

Ya no más guapuras, aquí les voy a enseñar, de una vez por todas, a sacarles provecho.

Primero debes saber qué colores son los que mejor te quedan, o sea, los que hacen brillar tus ojitos y que se vean bárbaros; para eso tienes que tomar en cuenta el color de tus ojos:

♥ CAFÉ CLARO

Tus ojos se pueden llegar a ver verdes o hasta ámbar, según la luz, así que depende de qué quieras acentuar. Por ejemplo, si quieres que se vean más claros, aplica un tono lavanda, ciruela o violeta; si prefieres que se vean más cafés, usa una sombra color miel, tonos cafés o grises.

Los colores que te quedan: Café, vino, morado oscuro, gris y palo de rosa.

De día usa: Una combinación de dorado claro con sombra verde hoja.

De noche usa: Atrévete con una sombra fucsia o con un color vino oscuro.

♥ **CAFÉ OSCURO**

¡Suertuda! A ti te quedan casi todos los tonos, porque como tu color de ojos es neutro, no compite con las sombras.

Los colores que te quedan: Durazno, cobrizo, turquesa, morado, azul marino y verde.

De día usa: Tonos neutros, como café y beige, pero para que no se vean tan apagados, juega con sombras metálicas o doradas.

De noche usa: ¿Azul eléctrico o verde intenso? Tus ojos se pueden poner, ¡lo que sea! Es más, intenta hacer un Smoky eye con azul marino en lugar de café y verás que se ve ¡increíble!

♥ **AZULES**

Tus ojazos lucen espectaculares con sombras cobrizas o doradas, así que úsalas sin control.

Los colores que te quedan: Dorado, cobrizo, color champagne, beige y durazno.

De día usa: Puedes usar un poco de sombra dorada, pero que sea una cosa sutil, con poquito brillo, o también puedes usar una café clarito.

De noche usa: Sí, ya sé que vas a pensar que estoy loca, pero prueba usar sombras en tono naranja o, por lo menos, que tengan toques de ese color, y verás que hace resaltar tus ojos, te lo juro. Si quieres algo más seguro, prueba el azul marino o turquesa. Evita el color negro porque endurece tu mirada.

♥ **VERDES**

Casi todos los expertos están de acuerdo en que cualquier tono de morado es el perfecto para las guapuras de ojos verdes, así que usa sombras de color potente, pasteles, metálicas o con brillitos.

Los colores que te quedan: Morado, rosa, color ladrillo, naranja oscuro.

De día usa: Un tono violeta claro o vino.

De noche usa: Vuélvete loca con una sombra color ciruela y agrega un poco de glitter morado. O de plano un tono súper subido de morado, ¡se te verá increíble!

¡OJO, GUAPURAS!

Estos colores son los que te quedan mejor, pero para nada vayas a pensar que s-o-l-o puedes usar esos. Si tú prefieres usar sombra verde neón, ¡adelante! Recuerda que el maquillaje debe ser divertido, así que no tengas miedo de jugar y experimentar con lo que a ti te guste.

♥ ESCOGE TU FAVORITO

Las sombras vienen en cuatro texturas, lee los pros y contras de cada una y utilízalas según el efecto que quieras lograr con tu maquillaje.

COMPACTAS

Son las típicas de pastilla que todas tenemos.

Pro: Son fáciles de usar y muy versátiles, porque dan un look diferente si las aplicas mojadas o secas.

Contra: Algunas marcas pueden tener sombras que se ve padre el color en la paleta, pero muy clarito una vez que lo aplicas.

CREMA

Vienen en tubitos, como de pinturas al óleo, o en botecitos.

Pro: Se aplican súper fácil con los dedos y te dan un look natural. Son ideales para las guapuras con piel seca.

Contra: Duran menos que el polvo y, si tienes la piel grasa, se corren o se acumulan en los pliegues y se ve horrible.

LÁPIZ
Por lo general, este tipo de sombras son irisadas o contienen un poco de glitter.

Pro: Fáciles de aplicar y difuminar con los dedos; también te sirven para delinear el ojo.

Contra: El color no dura tanto y la punta pierde forma rápidamente, así que tienes que andar cargando un sacapuntas especial.

SUELTAS O PIGMENTOS
Pueden ser mates o brillantes, y vienen en botecitos.

Pro: El color es potente y, dependiendo de la cantidad que utilices, puedes lograr un look más dramático.

Contra: Son difíciles de manejar, no te sorprendas si terminas llena de polvos de color en tu cara y ropa.

* La forma más fácil de aplicar las sombras es utilizando tres tonos: el más claro, que se pone en todo el párpado; después un color medio que le dará profundidad a la mirada si lo aplicas en el párpado móvil; y por último, un tono oscuro, que puedes aplicar en el extremo del ojo o sobre el pliegue, para darle más fuerza.

* Yo no me acomodo con los aplicadores de esponja que vienen en los estuchitos de las sombras; yo prefiero utilizar pinceles, para aplicarlas y difuminarlas muy bien.

* Para abrir tu mirada, aplica una sombra clara aperlada en el área del hueso, justo debajo de la ceja, y otro tip que me dieron los expertos es poner un toquecito de esta sombra justo en el lagrimal, para unos ojos chulísimos.

Súper tip:

Si las sombras no te duran, aplica un poco de base de maquillaje sobre tus párpados antes de ponértelas.

LABIOS BESABLES...

Práctico y básico. Nada cambia tu look del día a la noche como un toque de color en tus labios. Conoce las diferentes fórmulas y escoge tu favorita.

❤ GLOSS

Es una mezcla de emolientes y ceras líquidas que hidratan y dan color a los labios.

Lo bueno: Sirve para hacer que unos labios delgados se vean más llenitos.

Lo malo: Dura poquito, así que hay que estarlo reaplicando todo el día.

❤ MATE

Este tipo de labial es puro color, casi no hidratan.

Lo bueno: Son de larga duración y el color es potente.

Lo malo: Si tienes los labios resecos, este tipo de labial hará que se partan.

❤ LARGA DURACIÓN

Prometen durar de ocho a diez horas en tus labios y, como pueden resecarlos, algunas marcas incluyen un tubito con gloss o barra humectante, para mantenerlos hidratados.

Lo bueno: Aguantan todo: café, refrescos, besos, y el color se mantiene intacto.

Lo malo: Cuesta un poco de trabajo desmaquillar tus labios; solo cuida de no tallarlos demasiado.

❤ CREMOSO

Son ricos en emolientes que sellan la humedad de los labios, a la vez que les dan mucho color.

Lo bueno: Úsalos si tienes los labios resecos o partidos.
Lo malo: El color no es tan intenso como el de un gloss.

❤ BÁLSAMO

Su función es mantener los labios hidratados, contienen aceites que humectan los labios durante el día.

Lo bueno: Son ligeros y muchos contienen FPS, así que son ideales para las vacaciones o si no te dejan usar maquillaje.
Lo malo: Casi no duran.

¿QUÉ COLOR TE QUEDA?

La eterna búsqueda del color de labios perfecto ha terminado, guapura; checa esta guía rápida para ver los que mejor te quedan.

Si eres…

♥ **RUBIA CON PIEL BLANCA:** Te quedan los tonos vino, fucsia o color cereza.

♥ **RUBIA CON PIEL BRONCEADA:** Los tonos coral o durazno se te ven increíbles.

♥ **MORENA CLARA CON PIEL APIÑONADA:** Te quedan los tonos durazno, coral, café o terracota.

♥ **MORENA OSCURA O CON CABELLO NEGRO:** Para ti son los tonos terrosos, como canela, y los rojos profundo o vino.

♥ **PELIRROJA:** Terracota, durazno y beige.

5 TIPS PARA APLICAR EL COLOR COMO EXPERTA

1 Aplica sobre los labios un poco de base con una esponja húmeda.

2 Con un lápiz del color de tus labios, delinéalos de la comisura hacia el centro.

3 Llena de labial un pincel para labios y rellénalos de las comisuras hacia el centro.

4 Coloca un pañuelo desechable sobre los labios y presiona ligeramente, para eliminar el exceso de color.

5 Si quieres, puedes aplicar una segunda capa de labial con tu pincel o únicamente darle un toque de gloss.

Súper tip:

Si tus labios son muy gruesos, utiliza colores neutros, como cafés y bronces. Si tus labios son delgados, evita los colores oscuros y utiliza gloss, porque da la apariencia de más volumen.

TUTORIALES DE MAQUILLAJE PARA GUAPURAS ♥

MAQUÍLLATE EN 5 MINUTOS

E ste look está pensado par las miniguapuras a las que todavía no les dejan maquillarse (o que no las dejan ir maquilladas a la escuela) o para quienes prefieren dormir 5 minutos más a llegar súper producidas a clases.

1. Empieza con la cara limpia y humectada. Si tienes manchitas o barritos, cúbrelas con un toque de corrector, difumina muy bien y aplica una crema CC o un humectante con un toque de color.

2. Aplica con una brocha una sombra color champagne que no tenga mucho brillo, únicamente ponla en el párpado móvil.

Antes

3 Enchina las pestañas y dales una capa de rímel (si no puedes usar maquillaje en la escuela, sáltatelo, pero sí enchínate las pestañas).

4 Aplica un toque de rubor rosa claro en las mejillas. Delinea con un lápiz beige el contorno de tus labios y aplica un gloss transparente.

5 Peínate y ¡listo!

Después

LABIOS BRILLANTES

Este tutorial es perfecto para looks de día y de noche, si tu maquillaje es muy oscuro o si te encantan tus labios y quieres que sean los protagonistas.

1 Delinea el contorno de tus labios con un lápiz color piel.

2 Rellena tus labios con el mismo color.

3 Con un pincel aplica una capa de gloss transparente

69

4 Si quieres probar un color más potente, no tienes que comprar un labial, puedes hacerlo con tu rubor o con una sombra.

4

5 Toma un poco de gloss transparente y un poco de sombra de color y rellena tus labios.

5

MAQUILLAJE DE DÍA Y MAQUILLAJE DE NOCHE

Guapuras, con esta foto se pueden dar cuenta del cambio tan grande que puede hacer el maquillaje. Aquí te digo cómo lograrlo:

♥ DE DÍA

1. Empieza con una piel limpia.
2. Aplica corrector en los barritos, ojeras o imperfecciones; difumina muy bien con los dedos.
3. Utiliza un humectante con color en toda tu carita. Si necesitas cubrir más, utiliza la base que acostumbras.
4. Enchina tus pestañas y aplica dos capas de rímel únicamente en las pestañas superiores.
5. Da un toque de color a tus mejillas con un poco de rubor rosado.
6. Delinea tu boca con un lápiz color beige. Toma un pincel y rellena tus labios con un labial color cereza.
7. Ondulado o lacio, peina tu cabello de forma natural o hazte una cola de caballo sencilla.

♥ ## DE NOCHE

1 Limpia tu cara y utiliza la crema que acostumbras.

2 Aplica corrector en barros y ojeras, difumina muy bien. Si es necesario, utiliza base de maquillaje y desvanece muy bien en la parte del cuello.

3 Utiliza una sombra color bronce en todo el párpado móvil, utiliza un pincel para delinear el párpado inferior con este mismo color. Toma una sombra negra y aplícala en la parte exterior del ojo, difuminando bien; también úsala para delinear de la mitad del párpado inferior hacia fuera.

4 Enchina tus pestañas y dales dos capas de rímel o, si prefieres un look más dramático, utiliza pestañas postizas.

5 Aplica un rubor durazno en los pómulos.

6 Delinea y rellena los labios con un lápiz color beige, encima aplica un gloss transparente.

7 Recoge tu cabello en un chongo, para que se vea más elegante.

DELINEADO DE COLORES

Sáltate las sombras y dale mucho color a tu mirada con este look.

1 Empieza con la piel limpia y ponte un poco de base en los párpados para que el color te dure más.

2 Escoge una sombra de color potente, en este caso azul. Moja la punta de un pincel y ve tomando un poco de la sombra que escogiste para delinear el párpado superior...

3 Delinea por dentro el párpado inferior con un lápiz negro. Enchina tus pestañas y dales dos capas de rímel negro.

1

2

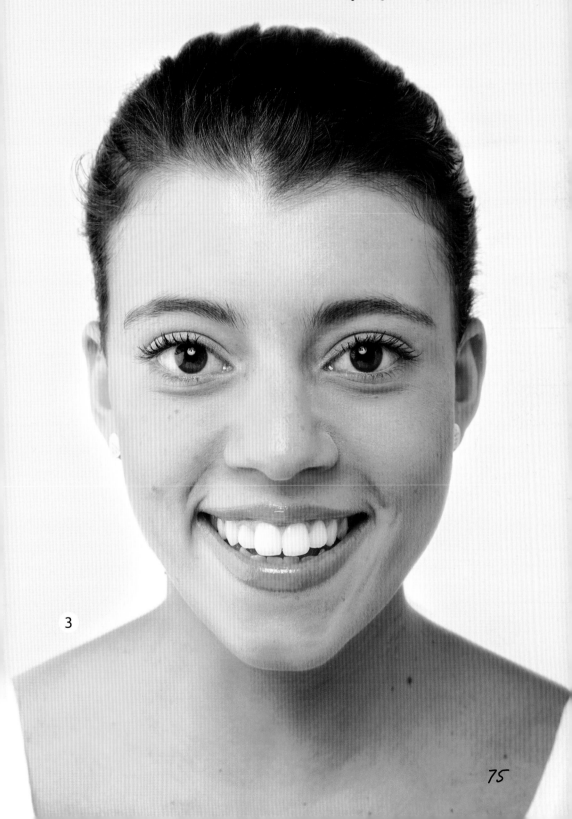

3

DELINEADO CAT EYE

Este es uno de mis looks favoritos, pero hay que tener paciencia para lograrlo. No te desanimes si no te queda perfecta la rayita al primer intento.

1 Empieza con una sombra blanca mate en todo el párpado. Con un delineador líquido, traza una línea delgada desde el lagrimal, jalando un poco la línea al llegar a la parte externa del ojo. Para ayudarte, si eres diestra, apoya el codo izquierdo en la mesa mientras jalas el ojo y con la derecha traza la línea poco a poco (si eres zurda, hazlo al revés).

2 Donde terminó tu primer trazo, ahora regrésate un poquito para hacer más ancha la línea. Checa que en los dos ojos te queden parejas.

3 Vuelve a trazar una línea, rellenando el espacio que dejaste en la parte de «la colita». Enchina tus pestañas y aplica dos capas de rímel negro, únicamente en las pestañas superiores.

SMOKY EYE

Casi siempre lo hago con sombra negra, pero aquí tienen una variación en café, que se ve súper linda.

1 Prepara tus ojos con un poco de base y utiliza una sombra café mate en todo el párpado.

2 Toma un pincel y delinea el párpado inferior del ojo con la misma sombra.

3 Delinea el interior de todo tu ojo con un lápiz negro.

4 Aplica un poco de sombra negra en la parte externa del ojo, llevando el color hacia afuera. Difumina bien con un pincel.

5 Delinea el párpado superior con un delineador líquido negro.

6

5

6 Enchina tus pestañas y da-les dos capas de rímel. Si quieres, puedes usar pes-tañas postizas.

Súper tip:

Recuerda que cuando maquilles tus ojos tan oscuro, tus labios deben ir muy naturales.

¡FIESTA DE DISFRACES!

Siempre me piden ideas para disfrazarse, aquí les presento, paso a paso, mis tres favoritas.

♥ **¡MIAU!**

Es el más fácil de todos, solo necesitas orejas (las puedes hacer tú) y vestirte toda de negro, ¡miau!

1 Empieza con un smoky eye. Aplica una sombra negra en todo el párpado, utilízala para delinear el párpado inferior del ojo. También delinea por dentro con un lápiz negro.

2 Con un lápiz negro dibuja los detalles: la nariz, los bigotes y el labio superior. También acentúa el delineado en la parte del lagrimal.

3 Aplica un gloss beige en el labio inferior. Peina tu cabello, vístete de negro y ponte unas orejitas de gato.

1

2

❤ CÓMIC

Lo que me gusta de este disfraz es que se ve súper elaborado, pero realmente lo único complicado es conseguir una peluca.

1 Empieza con una base clara.

2 Con un delineador negro, acentúa las facciones: el entrecejo, las cejas, la nariz y los pómulos, como se ve en la foto.

3 Maquilla los ojos con un sombra rosa potente, delinea el párpado inferior con un lápiz blanco y abajo delinea con rosa. Aplica pestañas postizas y delinea con negro el párpado superior.

4 Delinea con negro el contorno de tu boca. Utiliza un labial rojo cereza y encima un gloss transparente.

5 Haz una mezcla con maquillaje líquido blanco y un poco de sombra o rubor para crear una pastita rosa. Con la parte de atrás de una brocha, toma un poco de la pasta y haz puntitos por toda tu cara.

6 Recoge tu cabello y ponte la peluca más loca que encuentres.

82

♥ CATRINA

Mi favorito y ¡muy mexicano!

1 Maquilla tus ojos de negro totalmente, desde las cejas hasta debajo de las ojeras con sombra negra.

2 Aplica maquillaje blanco en toda tu cara con ayuda de una esponja.

3 Con un lápiz delineador negro, empieza a trazar los detalles: los círculos de los ojos, los pétalos, la nariz y la boca.

4 Rellena los pétalos con sombra o delineador de color. Recoge tu cabello y ponte flores de plástico detenidas con pasadores formando una diadema.

1

2

3

4

¡MANOS DE 10!

EL MANICURE PERFECTO

Sigue estos tips para lograr un manicure básico; si lo haces cada dos semanas, tu uñas y manos siempre lucirán perfectas.

1 Elimina los restos de esmalte con un algodón empapado de quitaesmalte. Lima y dales forma a las uñas con una lima de cartón o vidrio. Ojo: Las de metal son malísimas, porque debilitan las uñas.

2 Mete los dedos en un recipiente con agua tibia jabonosa para suavizar las cutículas.

3 Toma un poco de azúcar y durante unos minutos masajea tus manos aún húmedas y jabonosas para exfoliarlas.

4 Seca tus manos con una toalla y empuja las cutículas suavemente hacia atrás con un palito de naranjo.

5 Ponles una generosa capa de crema humectante y masajea tus manos durante unos minutos.

6 Aplica una capa de base transparente y deja secar.

7 Aplica una o dos capas de tu barniz preferido y deja secar muy bien entre una y otra.

8 Finaliza con una capa de barniz transparente, para que tu manicure dure más tiempo.

5 TIPS PARA UNAS MANOS LINDAS

★ Si quieres unas manos súper suaves, antes de dormir ponte una buena capa de vaselina y cúbrelas con unos guantes de algodón viejitos. Al día siguiente estarán súper suavecitas.

★ Recuerda que es mejor que te apliques varias capas delgadas de esmalte que una sola gruesa, porque se tarda más en secar y no te dura tanto.

★ Si el manicure francés no se te da, utiliza un lápiz blanco para pintar las puntas por debajo de las uñas; el efecto es el mismo.

★ ¿No odias que a tu esmalte favorito se le quede pegada la tapa? Para evitarlo, limpia de vez en cuando la boca de tu frasquito con un algodón humedecido en quitaesmalte.

★ Para que tus uñas no se resequen, evita cambiar tu esmalte más de una vez a la semana. También utiliza quitaesmaltes que contengan agentes humectantes para prevenir la resequedad.

3 TÉCNICAS BÁSICAS PARA DECORAR TUS UÑAS.

♥ PUNTITOS

Necesitas herramientas para hacer puntitos de distintos tamaños: yo utilizo la punta de un lapicero, un palillo al que le aplasté la punta un poco y la cabeza de un alfiler que clavé en la goma de un lápiz.

También escoge tres colores de pintaúñas; pueden combinar o no, eso es a tu gusto.

1 Aplica dos capas de tu color base, en este caso es blanco.

2 Pon una gota de pintaúñas del color que quieras —aquí usé rosa— y toma un poco con el alfiler, que es el que hace los puntos más grandes. Pinta puntitos en toda tu uña, en una esquina o en las puntas; donde tú quieras.

1

2

3 Igual, pon una gota de otro color y haz puntos con el palillo, que los hace de tamaño mediano.

4 Por último, utiliza el lapicero con otro color para hacer más puntitos. Aplica una capa de pinta uñas transparente.

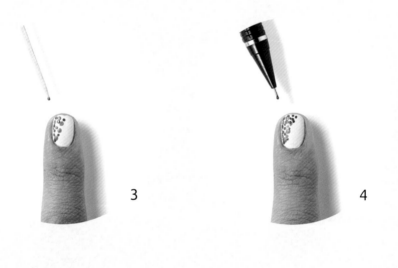

3

4

❤ **CINTA ADHESIVA**

Con esto puedes hacer muchísimos diseños. Aquí te digo cómo hacer un triángulo muy sencillo.

1 Aplica dos capas de tu color base —en este caso rosa con brillitos— y espera a que seque bien.

2 Recorta dos pedacitos de cinta adhesiva y quítales un poco de pegamento pegándolo y despegándolo en el dorso de tu mano. Acomódalos sobre tu uña haciendo el diseño que tú quieras.

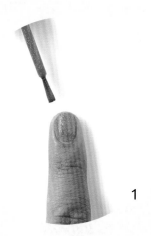

1

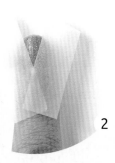

2

3 Utiliza otro color de uñas más oscuro y pinta sobre el espacio que quedó entre los pedacitos de cinta que pusiste.

4 Espera a que seque muy bien antes de despegar la cinta adhesiva. Aplica una capa de pintaúñas transparente.

3

4

❤ **DEGRADADO**

Es muy fácil lograr este look.

1 1

1 Escoge tres colores que combinen o el mismo tono, pero en diferentes intensidades. Aquí usamos un verde clarito, un verde seco y un verde más oscuro. Pinta tus uñas de color blanco para que se note más el color.

2 Toma una esponja de triangulito y pinta líneas con los colores que escogiste del tono más claro al más oscuro.

3 Practica un poco sobre una hoja de papel antes de presionar la esponja sobre tu uña. Ojo: puede que tengas que darles más de una pasada, pero no importa.

4 Tu dedo va a quedar así de manchado, ¡pero no te espantes! Todavía no terminamos.

5 Toma un poco de quitaesmalte con un cotonete o una brochita, y limpia el contorno de la uña.

6 Espera a que seque y aplica una capa de esmalte transparente.

93

¿CUÁL ES TU PROBLEMA?

Guapuras, si aún tienen dudas, aquí con mucho gusto se las resuelvo.

Pregunta: Me gusta mucho usar delineador pero a la mitad del día se me corre y me quedan los párpados manchados. ¡Ayuda!

♥ **Respuesta:** Este problema lo tienen principalmente las guapuras con piel grasa. Antes de delinear tus ojos, prepara tus párpados poniéndoles un poco de base y polvo translúcido, para eliminar la grasa y que no se corra. Si tu problema es muy severo y necesitas que realmente te dure todo el día —o la noche—, aplica delineador de lápiz, encima repasa la línea con un poco de sombra del mismo color y termina con una capa de delineador líquido.

P: Me encanta el esmalte negro pero ahora mis uñas están amarillas.

♥ R: Eso te pasa porque te pones el barniz sin usar base, guapura. Para solucionarlo, calienta un poco de aceite de oliva y masajéalo sobre las uñas todas las noches, hasta que el color amarillo desaparezca y, obviamente, de ahora en adelante, siempre utiliza una base antes de aplicar el esmalte de color.

P: Tengo ojeras y en las mañanas siempre amanezco con los ojos hinchados. ¿Qué puedo hacer?

♥ R: Las ojeras y los ojos hinchados son dos cosas que debes tratar por separado. Las ojeras, por lo general, son hereditarias y, pues, no hay mucho que puedas hacer al respecto, más que tomar mucha agua. La buena noticia es que puedes usar corrector para esconderlas; checa los tips que vienen en este libro. Ahora, para evitar amanecer con los ojos hinchados, es básico que ¡duermas! Así que bájale dos rayitas a las desveladas. También evita el alcohol y los alimentos que contengan mucha sal. Para desinflamarlos de volada, puedes ponerte dos rebanadas de pepino o dos bolsitas de té de manzanilla fría sobre los párpados durante unos 10 minutos.

P: Help! Me encantaría maquillarme los ojos pero uso lentes, ¿qué hago?

♥ R: El problema de usar lentes es que los cristales modifican la forma de tus ojos.

Si tienes miopía, tus lentes hacen ver tus ojos chiquitos; para evitarlo, delinea el contorno del ojo por fuera y utiliza un lápiz blanco para delinearlo por dentro, y que se vean más grandes. Usa sombras de colores potentes y varias capas de rímel. Eso sí, acuérdate de esperar a que seque, para que no se manchen tus lentes. Si tienes hipermetropía, tus ojos se ven muy grandes detrás de los lentes, así que evita exagerar con delineador o sombras. De preferencia, delinea tus ojos en tonos café.

P: Apenas le estoy agarrando la onda a esto del maquillaje y siempre se me pasa la mano. ¿Cómo le puedo hacer para verme bien pero sin exagerar?

♥ R: Para que no se te pase la mano a la hora de maquillarte, checa estos consejos:

1. Aplica tu maquillaje donde haya luz natural, como una ventana, así será menos probable que apliques base o rubor de más.
2. Enfatiza únicamente una parte de tu rostro; por ejemplo, si te quieres maquillar mucho los ojos, entonces tus labios deben ir muy naturales, o viceversa.

97

3 Cuando te estés maquillando, siempre empieza aplicando un poco de color, checa en el espejo y aplica un poco más hasta que logres el tono que deseas.

4 Si se te pasó la mano con el rubor, ponte un poco de polvo translúcido para bajar el tono.

P: ¡Odio mis pecas! En serio, ¿qué puedo hacer para quitármelas?

♥ **R:** ¿Sabías que las pecas son bastante sexies? Si aún no les agarras amor a las tuyas, puedes disimularlas un poco cubriéndolas con base de maquillaje y un poco de corrector a las más oscuras o que se notan más. Llama más la atención a tus ojos con sombras de colores brillantes y un poco de rubor en tono durazno. También evita que te salgan más utilizando siempre un protector solar con FPS con mínimo del 50 diariamente. Y, principalmente, aprende a querer tus pecas y a presumirlas, porque te hacen una guapura ¡única!

Todo sobre tu cabello

Saben cuál es mi accesorio favorito, guapuras? ¡Mi cabello! No solo porque es lo primero que nota la gente, sino también porque con él puedo expresar mi personalidad y estilo. Y sí, sé que muchas pueden tener una relación amor-odio con él, pero es justo para eso que tienes este libro en tus manos.

En esta sección les diré los cuidados básicos para que siempre se vea ¡bárbaro! Por ejemplo, cómo escoger los productos adecuados para lavarlo y peinarlo, cómo encontrar el corte que mejor te queda y, claro, los tutoriales que más me han pedido, con fotos de cada para que siempre anden chulísimas.

¿Qué tipo de cabello tienes?

Hay taaaaantos productos, que es difícil saber cuál de todos usar; así que, para que no te confundas, lo primero es identificar tu tipo de cabello y, con base en ello, escoger los productos ideales para ti. Checa esto:

♥ CABELLO GRUESO

Sabes que tienes este tipo de cabello, porque se siente pesado y ningún producto para el cabello lo mantiene en su lugar.

LÁVALO: El cabello grueso puede ser reseco o tener el cuero cabelludo graso y las puntas secas. Para cuidar el primero, debes utilizar shampoo y acondicionador para cabello seco y complementar con un tratamiento de aceite caliente una vez cada dos semanas, para mantenerlo hidratado. Si tienes el cuero cabelludo graso, utiliza un shampoo para cabello normal y aplica acondicionador únicamente en las puntas.

SÉCALO: Hazlo suavemente con una toalla y desenrédalo con un peine de dientes anchos. Separa el cabello con ayuda de una pinza para ir secando sección por sección con la secadora.

PÉINALO: Este cabello luce mejor lacio, seca tu cabello con un cepillo redondo grande y después utiliza una plancha (las de cerámica son las mejores) para alaciar sección por sección de las raíces a las puntas.

* Tip: Si tu cabello tiende a la estática, utiliza un cepillo redondo con las cerdas separadas.

❤ CABELLO DELGADO Y SIN VIDA

Tu cabello es finito, como de bebé y, por lo general, laaaaaacio; ningún peinado (por más spray y crepé que le hagas) se mantiene por más de media hora y puedes tener muy poco cabello.

LÁVALO: Por lo general, tu tipo de cabello suele ser graso, así que durante el shampoo, masajea el cuero cabelludo con movimientos circulares; no talles ni uses las uñas, guapura. Utiliza un acondicionador ligero, únicamente de la mitad del cabello hacia las puntas.

SÉCALO: Sufres porque tu cabello se ve aplastado, así que para secarlo, dobla tu cintura y dirige la secadora hacia el nacimiento del cabello, hasta que se seque, y después enderézate rápidamente, así como si estuvieras en un comercial de shampoo, y acomoda el cabello con los dedos. Si quieres aún más volumen, ponte unos cuantos tubos grandes mientras te maquillas y dale un poco de aire caliente antes de soltarlos.

PÉINALO: Trata de no abusar de geles y sprays porque es fácil que tu cabello acumule residuos y se aplaste o engrase. También evita las ceras, cremas para peinar o productos muy pesados.

✳ Tip: Evita utilizar cepillos redondos con metal, porque conducen el calor y pueden maltratar tu cabello.

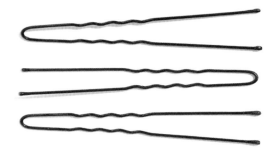

❤ CABELLO SECO

Tu cabello siempre se siente reseco, quebradizo y sin brillo.

LÁVALO: Utiliza shampoo y acondicionador que aporten hidratación a tu cabello; si puedes, utiliza acondicionadores de los que no se enjuagan. Evita a toda costa lavarte el cabello con agua caliente.

SÉCALO: Lo ideal es que dejes que se seque al natural. Mantén el uso de herramientas calientes (secadora, tenaza o plancha) al mínimo.

PÉINALO: Si tienes que usar secadora o plancha, asegúrate de utilizar siempre un producto que lo proteja del calor. El mousse, spray o gel contienen alcohol que puede resecar aún más tu cabello, así que no abuses de ellos.

✱ Tip: Utiliza un tratamiento reparador en las puntas durante las noches.

❤ CABELLO QUEBRADO

No es lacio ni chino. Si lo secas, se alacia, pero si lo dejas al aire, se ondula ligeramente. Puede ser graso o no, y tiende a la estática.

LÁVALO: Si quieres que se alacie, utiliza un shampoo y acondicionador con efecto alisante. Si prefieres que se ondule, busca productos humectantes y no te saltes el acondicionador.

SÉCALO: Elimina el exceso de agua con una toalla y utiliza una secadora con difusor, para lograr un ondulado perfecto, y si tienes un buen corte, entonces utiliza un poco de mousse para darle forma al cabello. Si quieres eliminar cualquier rizo, utiliza una crema alaciadora y una plancha.

PÉINALO: Desenrédalo con un peine de dientes anchos y utiliza un cepillo plano o uno redondo grueso. Cuando alacies, trata de dirigir la secadora hacia las puntas, para evitar el frizz. Hazlo por secciones y deja que se enfríe el cabello un poco antes de pasar al siguiente mechón.

* *Tip: Puedes utilizar cera para estilizarlo o darle un poco de brillo.*

🖤 CABELLO CHINO

Este tipo de cabello abarca desde el ondulado hasta los rizos muy marcados con mucha estática; el cabello puede ser fino o grueso.

LÁVALO: Tu mayor problema es que se esponje. Afortunadamente hay muchos productos en el mercado: shampoos, acondicionadores y cremas para peinar específicos para tu tipo de cabello y para domar tus chinos; también utiliza tratamientos acondicionadores una vez al mes. Mientras estás en la regadera, pásale un peine de dientes anchos antes de ponerte el shampoo, para que no se enrede.

105

SÉCALO: Simplemente elimina el exceso de agua con una toalla, no lo exprimas ni talles, porque se te hará una bola de frizz. Aprovecha tus rizos dejando que sequen naturalmente y no te los estés agarrando con los dedos, para que no pierdan la forma. Si no tienes mucho tiempo en la mañana, utiliza una secadora con difusor y sécalo por secciones tomando mechones de cabello, apretándolos suavemente con tu mano.

PÉINALO: Después de bañarte, desenreda tu cabello con un peine de dientes anchos y dales forma a tus rizos con los dedos, utilizando una crema o producto especial, para mantenerlos bajo control.

* *Tip: Si puedes, trata de lavarlo un día sí y otro no, para evitar resecarlo.*

¡EL CORTE PERFECTO!

Encontrar el corte que te quede perfecto no es tan complicado, lo único que tienes que saber es cuál es tu forma de cara. Y sí, obvio, la moda y tu gusto influyen cañón, pero si de verdad quieres saber lo que te hará lucir mejor, toma esto en cuenta.

Primero que nada tienes que identificar tu tipo de cara. Recoge tu cabello (fleco y todo) y párate frente a un espejo. Con un labial que ya no uses, traza el contorno de tu cara sobre el espejo, aléjate y compara la forma que dibujaste con una de estas formas :

♥ OVALADA

Básicamente te queda ¡todo! ¡Qué envidia, guapura! Tu cara tiene las proporciones perfectas para llevar cualquier look o corte, por muy radical que sea.

Sí: Si lo quieres corto, pide que te corten capas que enmarquen tu rostro a la altura de las mejillas; si lo prefieres largo, que las capas empiecen justo debajo de las mejillas.
No: Evita las capas cortas que le dan demasiado volumen a la parte de arriba y los flecos cortos y rectos.

♥ CUADRADA

Lo que debes buscar es suavizar los ángulos de tu cara con un buen corte.

Sí: Pide capas suaves que te den volumen en la parte de arriba o un corte degrafilado al frente. El largo perfecto es a los hombros o justo encima de ellos. Si te gusta llevar fleco, que sea largo y péinalo de lado.

No: Definitivamente no a los cortes que terminan justo en la barbilla y al fleco grueso.

❤ ALARGADA

Tu cara es muy delgada, así que debes distraer la atención, para que luzca más ancha.

Sí: Cortes a la altura de la barbilla o tipo «bob». Si tienes el cabello chino, esto te puede ayudar a que tu cara se vea más ancha, pero evita las capas cortas. Si tu cabello es lacio, un fleco te ayudará a verte más proporcionada.

No: Evita los extremos, ni muy corto ni muy largo. El cabello largo y lacio recto o sin fleco enfatizará aún más tu forma de cara.

❤ CORAZÓN

Tu cara es más angosta en la parte de la barbilla, por eso busca cortes que te ayuden a balancearla.

Sí: Para las de cabello largo, distrae la atención de tu barbilla con capas largas que lleguen a tus pómulos y enmarquen tu cuello. Si quieres el cabello corto, lleva la atención hacia tus ojos y mejillas con capas largas y suaves; si usas fleco, péinalo de lado.

No: Flecos rectos o cortes muy degrafilados o capas cortadas con navaja. Los cortes justo a la altura de la barbilla.

❤ REDONDA

Ufff... los cachetitos son tu pesadilla; pero, con el corte adecuado, puedes disimularlos muy bien.

Sí: Cortes que lleguen justo debajo de la barbilla y que las capas empiecen a la altura de los labios, para que no tengas tanto volumen en los lados. Pide volumen en la parte de la coronilla, para alargar visualmente tu cara.

No: Los cortes rectos o a la altura de la barbilla. Flecos rectos que cubran totalmente tu frente.

★ Es bueno que pienses un poco en qué tipo de corte buscas: ¿capas, fleco, solo un despunte? Ten claro lo que quieres para poder platicar con tu estilista.

★ Son pocas las valientes que pueden decirle a su estilista «¡hazme lo que quieras!» y salir contentas. Lo mejor es que seas clara y no te dejes presionar en cortarte el cabello chiquitito solo porque está de moda.

★ Lleva recortes de revistas o fotos con el tipo de corte que quieras para enseñárselas al estilista y que sepa lo que quieres.

* Pero sé realista, si tu cabello es chino, chino, como de cable de teléfono, y grueso, no lleves fotos de cortes en cabello lacio y delgado.

* ¡Suelta el celular! Si no pones atención, lo que empezó en un despunte puede terminar en un «bob», ¡cuidado!

* Evita que te corten el cabello con navaja, porque eso lo maltrata y hace que se abran las puntas.

Súper tip:

¿Te encantó cómo te peinaron en el salón de belleza? Dile a tu estilista que te enseñe cómo hacerlo o, si te quieres ver más aventada, de plano lleva tu propia secadora, plancha o tenaza para que te enseñe a peinarte con tus propias herramientas.

CONOCE TUS HERRAMIENTAS ♥♥

Peines, cepillos gordos y gruesos, ¿quién sabe para qué sirve todo eso? ¡Pues tú, guapura! Checa las herramientas que te ayudarán a lucir espectacular de día o de noche.

PARA PEINAR

♥ **PEINE DE DIENTES ANCHOS:** Es perfecto para desenredar tu cabello después de bañarte. También te sirve para distribuir perfectamente los tratamientos o mascarillas.

♥ **PEINE DE COLA:** La punta de metal sirve para hacer el partido o separar mechones de cabello. El peine sirve para hacer crepé.

♥ **CEPILLO VENTILADO:** Ideal para el cabello grueso. El espacio entre las cerdas de plástico deja pasar más fácilmente el aire caliente de la secadora, para ahorrarte tiempo.

♥ **CEPILLO PLANO O DE PALETA:** El multiusos de las chicas con cabello lacio. Puedes alisar, cepillar y masajear tu cuero cabelludo con esta joyita, que desenreda sin darte de jalones; además, elimina la estática.

♥ **CEPILLO REDONDO TÉRMICO:** Al usarlo con la secadora, la parte de metal se calienta creando el mismo efecto que una tenaza; perfecto para peinarte el fleco o, si tienes el pelo lacio, meter las puntas.

♥ **CEPILLO DE CERDAS NATURALES:** Este tipo de cepillo distribuye mejor los aceites naturales del cabello, haciéndolo lucir más brillante, suave y con cuerpo.

ELECTRICIDAD

♥ PLANCHA

No puede faltar para crear looks de cabello lacio, aunque también la puedes usar para crear ondas suaves. Busca una que tenga las placas de cerámica, porque maltratan menos el cabello.

♥ TENAZAS

Hay muchísimas opciones y, entre más angosto sea el tubo, más pequeño será el rizo. Usa uno grande para hacer ondas suaves y puedes escoger entre las típicas tenazas con pinza o tipo varita, en las que solo tienes que enredar el cabello para rizarlo, ¡son mis favoritas!

Súper tip:

Guapuras, si utilizan secadora, plancha o tenaza, siempre apliquen un protector de calor a su cabello, para que no se maltrate.

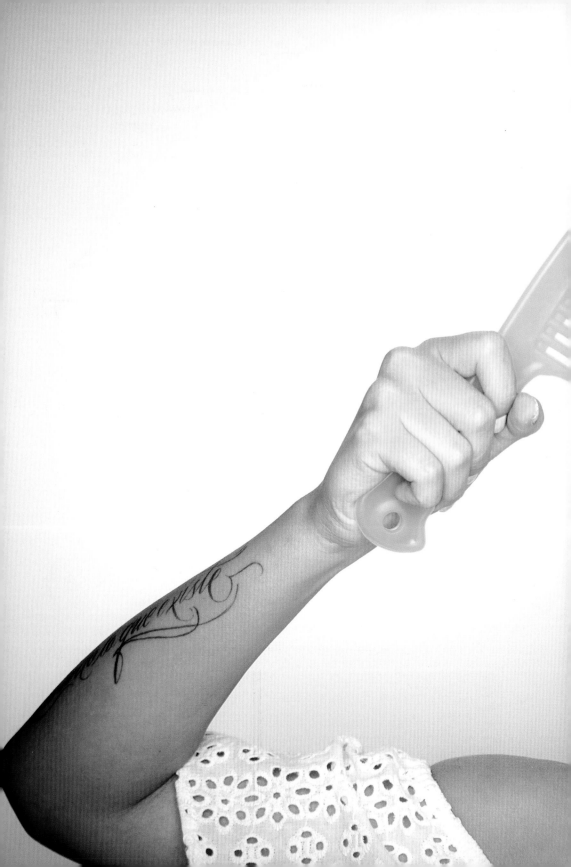

TUTORIALES DE PEINADOS PARA GUAPURAS

Chequen los looks que les tengo preparados, guapuras; son fáciles y muy rápidos de hacer.

ONDAS MARCADAS

Este look funciona mejor con chicas con cabello ondulado o rizado, aunque si lo tienes lacio, ¡inténtalo! Se ve súper.

1 Aplica un spray ligero o mousse a todo tu cabello, y sepáralo en tres secciones: la coronilla y los dos costados, y detenlas con una pinza. Suelta uno de los mechones laterales y, tomando la punta del cabello, enróllala en tu tenaza o varita para rizar.

1

Espera unos 10 segundos y suelta. Realiza lo mismo con las otras dos seccio- nes de cabello.

2 Agacha la cabeza y sacu- de los chinos suavemente con las manos.

3 Hazte una raya de lado, o como acostumbres, y aco- moda los chinos con los dedos. Aplica otro poco de spray para fijar.

2

3

125

COLA DE CABELLO ALTA

Este peinado tan sencillo no tiene por qué verse aburrido; aquí te enseño un pequeño truquito para que se vea muy cool.

1 Recoge tu cabello en una cola de caballo alta y detenla con una liga, utiliza tus manos para que tenga un look como más relajado.

2 Con un peine con cola, entresaca unos mechoncitos de cabello de la parte de arriba de la cabeza.

3 Toma un mechón delgado de la parte de abajo de la cola de caballo y enrédala sobre la liga para que no se vea. Detenlo con pasadores.

DIADEMA DE TRENZA

Este look le queda súper bien a las chicas de pelo largo y rizado.

1 Toma el mechón de la frente y hazte un poco de crepé en la parte de atrás. Detenlo con una pinza.

2 Empieza a tejer una trenza con el mechón de cabello que esté justo debajo de tu oreja izquierda y ponle una liguita para que no se suelte.

3 Cruza la trenza sobre el mechón con crepé hasta tu oreja derecha y detenla con pasadores.

TRENZA FISHTAIL O COLA DE PEZ

Parece difícil, pero hacer esta trenza no es tan complicado, solo tienes que practicar y practicar, y en poco tiempo la tendrás dominada.

1 Peina todo tu cabello de lado y empieza a hacer la trenza desde la nuca. Separa en dos secciones el cabello, toma un mechón delgado de la parte de afuera de la sección derecha y crúzalo por enfrente poniendo el mechón en la parte interna de la sección izquierda; haz lo mismo con el lado contrario, toma un mechón delgado de la parte de afuera de la sección izquierda, crúzalo por enfrente y pon el mechón en la parte interna de la sección derecha.

2 Sigue alternando hasta llegar a la punta del cabello y átalo con una liga.

3 Abre un poco la trenza para que se vea más casual.

Minicambios de look

Estás cansada de verte siempre igual pero tu mamá no te deja cortarte o teñirte el cabello, ¡no te preocupes! Aquí te doy siete ideas para cambiar de look, sin necesidad de utilizar tijeras.

1. Accesorízate

A mí me encanta usar accesorios en el cabello: mascadas, diademas, ligas, sombreros o gorros; todo te ayuda a lograr mil y un looks distintos. ¡Anímate a experimentar!

2. Rizos al instante

Cuando te salgas de bañar, toma mechones delgados de cabello, hazte unas trencitas sueltas y deja que se sequen. Si tienes prisa, puedes utilizar la secadora. Cuando estén secas, desenrédalas y péinalas con los dedos.

3. Nuevo look

Cambia tu look sin cortarte el cabello. Simplemente, cambia el partido; si lo haces de lado, inténtalo en medio y viceversa.

4. DE COLORES...

Si mueres por entrarle a la moda de pintarte el cabello de colores pero tus papás no te dan permiso, en las tiendas puedes conseguir mechones de colores que puedes usar fácilmente sin tener que teñir o decolorar tu cabello.

5. DE LARGO

Y lo mismo si tienes el cabello corto y ya te cansaste de esperar a que crezca, ve al salón de belleza y que te pongan unas extensiones permanentes o semipermanentes. Si no puedes gastar tanto, cómprate unas con pincitas para quitarlas y ponerlas fácilmente cuando tú quieras.

6. ¿NO QUIERES CORTARLO?

Si tu corte ha sido igual siempre, dale un nuevo giro usando fleco, hará resaltar tus pómulos y te dará un look más chic, sin tener que perder tu largo.

7. PÉINATE DIFERENTE

A veces, para vernos distintas, lo único que hace falta es peinarnos de otra forma: si siempre lo traes recogido, prueba usar el cabello suelto o en media cola; si tienes chino de cable telefónico, todos se sorprenderán el día que llegues con el cabello planchado; si eres lacia, agarra la tenaza y estrena chinos. ¡Diviértete con tu cabello!

¿SÍ? ¿CUÁL ES TU PROBLEMA?

Pregunta: Me estoy dejando crecer el fleco y está justo en esa etapa molesta en que está demasiado largo para llevarlo enfrente y demasiado corto para peinarlo hacia atrás, ¡ya no sé cómo peinarme!

♥ Respuesta: Hay muchos truquitos que te pueden ayudar a que no te desesperes. Uno es que te seques el fleco hacia arriba con un cepillo redondo, para darle una como curvita, y que solito se peine de lado. Si tu fleco está muy largo para esto, entonces péinalo de lado y asegúralo con broches o pasadores; también puedes quitarlo de la cara usando una diadema o mascada.

P: *Tengo el cabello lacio y las puntas abiertas. ¿Me las puedo cortar yo o a fuerza tengo que ir a que me corten el cabello? ¡No quiero perder mi largo!*

♥ R: Depende, guapura, si no se notan tanto y son pocas, sí puedes cortarlas tú misma, solo necesitas unas tijeras especiales para cabello, ¡no vayas a usar las de la cocina o las que usas para papel! Después, con el cabello seco, toma mechoncitos delgados, tuércelos lo más que puedas y corta las puntas de los cabellos justo arriba de donde están abiertos. Si son demasiados, temo decirte que no te quedará de otra más que ir al salón a que te corten el pelo.

Para prevenir las puntas abiertas, acondiciona tu cabello, no abuses de planchas o secadoras, y despunta tu cabello cada seis semanas.

P: *Hace unos meses me pinté las puntas de rosa y me tuvieron que decolorar el cabello, así que se me resecó muchísimo. ¿Qué puedo hacer para que no se vea como pajoso y seco?*

♥ R: Cualquier tinte maltrata el cabello, sobre todo si te lo decoloraste. Lo ideal es que durante tres meses prepares tu cabello para ponerte el tinte de tu color y olvidarte del tono rosado (aunque sean tres meses de suplicio). Aplícate tratamientos hidratantes de aceites en las puntas cada semana y evita planchas y secadoras antes de utilizar un tinte de tu color natural; pero no lo hagas en tu casa, eso mejor déjaselo a un experto.

P: ¿Hay alguna forma o receta casera para hacer que el cabello crezca? Ya me desesperé un poco.

♥ R: Realmente no hay una receta milagrosa o fórmula para hacer crecer el cabello. Tal vez masajearte la cabeza con la yema de los dedos y haciendo movimientos circulares puede ayudar, ya que con esto estimulas el cuero cabelludo. También, aunque no lo creas, funciona despuntarte el cabello cada seis semanas.

P: ¡Auxilio! Últimamente me he dado cuenta de que se me cae muchísimo el cabello, ¿es normal?

♥ R: ¿Sabías que perdemos hasta cien cabellos al día, guapura? Esto es perfectamente normal, pero si sientes que se te está cayendo más cabello de lo habitual, entonces debes de tomar en cuenta lo siguiente: evita lavarte el cabello con agua caliente, porque esto hace que se abran los poros y es más fácil que se caiga; no te pongas acondicionador en el cuero cabelludo, únicamente aplícalo de los medios a las puntas; trata de no abusar de los productos para estilizarlo, como spray, gel o mousse. Si tu problema sigue o empeora, consulta con un dermatólogo.

GUAPURAS, ¡NOS VEMOS PRONTO!

Esto ha sido mi primer libro; espero que les haya gustado, en verdad, y, sobre todo, que les funcione. Estoy feliz de haber compartido con ustedes mis tips y secretos de belleza para que todas se vean lindas y guapas, sacándole provecho a sus rasgos bonitos como unos ojazos increíbles o unos labios de envidia. Y no me digan que no tienen nada, porque sí, todos tenemos ese «algo» que nos hace especiales y diferentes, ese-no-sé-qué-que-qué-sé-yo; el chiste es encontrarlo y hacer que se note.

Después de saber qué tipo de piel y cabello tienes, así como los colores que te quedan y los tips y secretos para aplicarte el maquillaje, lo único que tienes que hacer, guapura, es experimentar y divertirte; no hay pretexto para que las mujeres no nos apapachemos un poquito por fuera. Y, sí, la belleza es interior, está en aceptarte y ser tú misma siempre, pero tampoco se debe subestimar el poder que un labial de color potente, unas pestañas postizas o un corte de pelo bárbaro pueden hacer para que te sientas guapísima y segura de ti misma.

Guapuras, las adoro, las amo y les agradezco su apoyo en todo lo que hago, espero este sea el primero de muchos libros más.

Recuerden que les mando muchos besos chiquitos, chiquitos y muchas letritas de amor.